FOUQUIER-TINVILLE

Tiré à 150 exemplaires sur papier vélin
et 25 sur vergé de Hollande.

NOTES ET DOCUMENTS

SUR

FOUQUIER-TINVILLE

PUBLIÉS PAR

GEORGES LECOCQ

Avec trois pièces reproduites en fac-similé

PARIS

LIBRAIRIE DES BIBLIOPHILES

Rue Saint-Honoré, 338

M DCCC LXXXV

INTRODUCTION

Le Tribunal Révolutionnaire serait dans l'histoire du monde une atroce monstruosité si le triomphe des partis politiques ou religieux n'avait rempli, pendant des siècles, l'Europe et l'Amérique de potences et de bûchers. Cependant, les crimes commis jadis par les pourvoyeurs officiels de l'échafaud ne sauraient, en aucune façon, excuser ni atténuer l'œuvre sanglante de Dumas et de ses complices.

Quelque dignes de châtiment qu'aient pu être les condamnés de 93, il est incontestable que tous ceux qui furent livrés au bourreau n'étaient pas également coupables et que les femmes, les vieillards et les enfants méritaient, par leur âge ou leur sexe, un peu de clémence. Même en tenant compte du moment terrible où ces tristes événements se produisirent, on ne peut méconnaître que trop souvent l'œuvre du Tribunal Révolutionnaire ne fût une parodie sanglante de la justice et qu'il condamna par ordre comme lui-même devait être condamné à son tour.

Aussi avec quel talent les ennemis de la Liberté n'ont-ils pas mis en relief les torts considérables du Tribunal et du Jury ! Toutefois, par une étrange singularité, depuis près d'un siècle, celui qui est le plus généralement maudit est celui-là même qui est le moins exécrable et en faveur de qui les circonstances atténuantes pourraient presque être plaidées dans une certaine mesure.

Tandis que les noms de Dumas, de Leroy Dix-Août et de bien d'autres misérables sont inconnus de la grande masse du peuple, Fouquier-Tinville supporte seul la réprobation publique et résume, aux yeux de bien des gens, un ensemble de faits monstrueux auxquels il ne prit pas toujours part.

Le 17 floréal an III, un arrêt de mort frappait un homme qui était désigné d'avance aux coups d'un parti violent et victorieux. Accusé, il savait le sort qui l'attendait; la fuite s'offrait à lui, il la dédaigna sans forfanterie comme sans illusion; il se constitua prisonnier et marcha courageusement au trépas.

Cet homme, qui eut une si ferme attitude, s'appelait Fouquier-Tinville.

Cependant, aucune voix ne s'est élevée jusqu'ici en sa faveur. Je me trompe, M. Auguste Dide a osé écrire dans le *Journal Officiel* un article où je lis : « On a pu diffamer même Fouquier-Tinville. » Cette phrase, dans une feuille aussi grave, est presque un éloge de l'ancien accusateur public. C'est à peu près la première qui lui soit relative sans contenir une flétrissure.

Certes, je ne viens pas tenter une réhabilitation de ce lugubre personnage. Le paradoxe serait plus que fort, et cependant, si peu intéressant que soit Fouquier, il est certain qu'on l'accuse de crimes qu'il n'a pas commis.

On a dit qu'il avait voulu faire fortune, et il est mort pauvre; qu'il était ambitieux, et il occupa des fonctions dangereuses mais peu enviables; qu'il était le porte-parole de Robespierre, et Topino-Lebrun affirme qu'il en eût été au contraire la victime; on accumula contre lui les plus bizarres accusations; on le condamna à mort parce qu'on lui reprochait, avec d'autres griefs malheureusement plus fondés, d'avoir voulu rétablir la royauté. M. Thiers commet à son égard une erreur si fantastique qu'on croit rêver en le lisant. Mais M. Campardon, qui relève et rectifie cette bizarrerie, indique le premier que Fouquier, quand il le put, sauva des accusés; et si nous nous reportons aux temps où il agit ainsi, on reconnaîtra qu'il eut quelque mérite à le faire. Ce qui nous paraît certain, c'est que, s'il eut le tort grave d'être accusateur public et de laisser couler des flots de sang, Fouquier vaut mieux que sa réputation; cela, il est vrai, n'est pas difficile.

Cette opinion, qui semble être aussi celle de l'honorable sénateur du Gard, est basée tant sur les pièces imprimées du procès de Fouquier, ses *Mémoires* devenus rarissimes, que sur les manuscrits où il accumula, en une quantité considérable de notes, les éléments constitutifs de sa défense auprès de la postérité, manuscrits qui jusqu'ici n'ont pas été publiés et qui, sans fournir la preuve de l'innocence complète de Fouquier (quoi qu'il en prétende), permettent cependant de l'envisager sous un jour moins défavorable.

Parlant des documents inédits qui émanaient des Conventionnels, et des personnes entre les mains de qui se trouvent ces documents, Michelet a dit : « Qu'ils sachent bien, ceux qui gardent de tels écrits sous la clef, qu'ils se sont constitués geôliers de leur pensée, qu'elle n'appartient à nul qu'à la France; la France est, avant tout, la fille héritière; on restera responsable envers elle de ces dépôts précieux. » La France ne voulut pas de l'héritage!

En effet, lorsque Mme Fouquier-Tinville mourut à Paris de misère et de faim, quand la famille eut refusé la succession, l'Etat fit vendre ce qui composait la fortune de cette malheureuse femme. Tout le mobilier, y compris les manuscrits dont nous parlons, fut adjugé pour quelques cents francs. Un amateur célèbre, M. Walferdin, acheta les autographes et quelques pièces précieuses pour l'histoire. C'est de ses héritiers que nous les tenons, grâce à l'obligeance d'un ami.

Un jour peut-être, fidèle au conseil de Michelet, les publierons-nous, et alors, en portant ses investigations de part et d'autre avec le même soin, en écoutant l'accusation et la défense avec le seul souci d'arriver à la manifestation de la vérité ; en mettant en opposition des dires forcément contraires, inconciliables, mais se contrôlant par leur propre opposition, le lecteur pourra enfin déterminer de quel côté la balance doit pencher.

Telle n'est pas notre intention aujourd'hui en publiant cette brochure, mais, dès à présent et puisque nous venons de faire allusion à des documents inconnus du public, disons tout de suite notre pensée et le jugement que nous portons sur Fouquier.

Il ne flatta pas l'autorité tyrannique de Robespierre, il essaya de sauver les Dantonistes que Saint-Just ne put faire condamner qu'à l'aide d'un faux, il épargna des accusés dont l'innocence lui fut démontrée ou dont les crimes ne lui parurent pas suffisamment établis; il ne fut pas, comme on l'a dit, un prévaricateur ayant une âme de bourreau; mais il fait tristement sourire quand il parle de « sa sensibilité »; il poursuivit les accusés, sans distinction d'âge, de sexe, de rang, d'opinions, avec une impartialité qui touche au cynisme; il obéit aveuglément aux ordres de la Convention et de ses Comités. Il se croit à l'abri de tout reproche, parce que, légiste à vues étroites, il suit exclusivement la lettre de la loi; enfin, il ne se disculpe pas lorsqu'il invoque la présence au siège du ministère public de tel ou tel autre magistrat le jour où une faute grave fut commise, par cette raison que, chef de Parquet, il devait surveiller ses substituts et que, par son silence, sa complicité voulue ou sa négligence, il n'a pas prévenu des actes dont il est responsable.

Puisque nous allons parler de Fouquier et de sa femme, remontons encore de plusieurs années en arrière, et avant d'assister à la catastrophe finale, à l'expiation suprême, voyons leurs débuts dans la vie.

NOTES ET DOCUMENTS

SUR

FOUQUIER-TINVILLE

CHAPITRE PREMIER

FOUQUIER-TINVILLE ET SA FAMILLE

1746-1792

Dans un mémoire qu'il avait préparé, Antoine-Quentin Fouquier-Tinville nous donne quelques détails sur sa famille. Il naquit au milieu du XVIIIe siècle, à Hérouel, terre de l'ancien Vermandois achetée par ses parents; aussi ceux-ci figurent-ils dans les *Almanachs de Picardie* et le *Dictionnaire historique de l'Aisne* [1].

---

1. Hérouel, aujourd'hui Foreste (commune érigée par ordonnance royale du 25 mai 1843), est du département de l'Aisne, à 56 kilomètres Nord-Ouest de Laon, 16 kilomètres Sud-Ouest de Saint-Quentin. Sa population ne dépasse guère quatre cents habitants. Parmi ses seigneurs apparaît en 1653, Charles du Passage à qui succèdent en 1698 Fouquier et Vinchon, et depuis lors, jusqu'en 1789, toujours les Fouquier.

Auroir est une dépendance de Foreste.

Ces localités sont presque aux confins des départements de l'Aisne et de la Somme, près de Ham. Elles font partie du canton de Vermand, arrondissement de Saint-Quentin.

Son père s'appelait, dit-il, « Éloy Fouquier, dit Tinville, et sa mère, Louise Martine, née en la commune de Villers-Saint-Christophe, même département ». D'après Melleville, il serait né de leur mariage, Charles-François, Marie-Pélagie, Quentin, Pierre-Éloi et Antoine-Quentin. Cependant, Fouquier ne nous parle que de ses frères, et voici en quels termes : « L'aisné, cultivateur, demeure en la commune d'Hérouel, a esté député à l'Assemblée constituante, n'a jamais trahi ni abandonné la cause du peuple ; il est juge de paix de son canton, dit canton de Vermand, place qui lui a mérité l'assentiment et l'estime générale de tous ses concitoyens par les soins qu'il a apportés à tarir leurs procès et leurs divisions ; il est, en outre, député suppléant appelé à la Convention nationale ; mon second frère, également cultivateur, a été et est encore administrateur du district de Saint-Quentin, et demeure à Auroir, entre Hérouel et Villers ; mon troisième est receveur du district de Saint-Quentin depuis la création de cette place devenue infiniment importante par le passage continuel des troupes. Il a été confirmé dans cette place par les députés en mission, à la dernière épuration. » Ces frères étaient appelés l'un Fouquier d'Hérouel, l'autre Fouquier de Vauvillers, le troisième, qui était avocat au Parlement, Fouquier de Foreste.

Quant à celui qui nous occupe, il fit comme son père, et signa Fouquier de Tinville.

Il vint étudier à Paris avec ses frères.

En 1769, ses moyens d'existence étaient des plus modestes : c'est ce qui nous est confirmé par une lettre publiée récemment [1] ; il manque de tout ou à peu près et il écrit à sa mère : « Je vous l'avoue franchement, je désirerois de tout mon cœur avoir quelque ressource pour pourvoir à mes besoins ; je vous repond que vous ne vous plaindriez pas si tost que je ne cesse de vous demander : mais encore une fois, la nécessité me force de parler. Sans ces chemises [2], une robbe de chambre et une rhodinguotte (*sic*), je ne peux passer l'hyver. »

Ses études terminées, il acheta une charge de procureur au Châtelet de Paris. Le 21 janvier 1774, ses futurs confrères lui délivraient un *admittatur,* le *dignus est intrare* traditionnel ; cinq jours après il recevait ses lettres patentes, dans lesquelles est visée l'information qui constate que le requérant est de bonne vie et mœurs, etc. Le texte de ces trois documents a été publié par M. Campardon dans le *Tribunal révolutionnaire de Paris ;* nous y remarquons que l'information porte la date du

1. Par M. Ernest Lehoult de Saint-Quentin, dans les *Mémoires de la société académique* de cette ville.

2. Trois chemises qu'il avait déjà sollicitées en vain.

vingt-neuf janvier, tandis que les lettres de provision qui la mentionnent sont du *vingt-six*.

Huit ans plus tard, Fouquier-Tinville vendait cette charge.

Ici apparaît une calomnie dont il faut faire justice. En effet, on lit à la page 155 d'un libelle anonyme imprimé à Lausanne en 1795, par Strokenster [1], les phrases suivantes qui vont retenir quelques instants notre attention.

« Les principaux ministres des fureurs de Robespierre dans les tribunaux révolutionnaires de sang furent : *Fouquier-Tinville,* Dumas et Coffinhal. Le premier avait été, sous l'ancien régime, procureur au Châtelet, et honteusement dégradé pour ses rapines et la turpitude de ses mœurs. »

Fouquier-Tinville eut, en prison, connaissance du pamphlet ; il y répondit avec beaucoup de vigueur. Il fait observer qu'il a vendu « volontairement et par dégoût », à la date du 30 octobre 1783 ; qu'il a reçu comptant 30,000 francs et que le surplus fut stipulé payable à diverses époques ; il ajoute que jamais on ne mit opposition entre les mains de son successeur pour les sommes que ce dernier lui redevait, et il termine en ces termes : « Je défie de me produire aucune sentence ni avis de la communauté des procureurs qui m'aient forcé

1. *Histoire de la conjuration de Robespierre*, sans nom d'auteur.

à vendre; *cependant, comme j'exerçais cette charge à Paris, il serait aisé aux curieux de vérifier les faits* [1]. Je défie encore de me prouver que j'aie jamais eu de mauvaises mœurs; j'étais marié et père de famille, et j'ai toujours vécu avec ma femme et élevé mes enfants et fréquenté des gens probes. »

Cependant, d'après ses adversaires, ce serait encore son inconduite qui aurait fait mourir sa jeune femme, sa cousine germaine, Geneviève-Dorothée Saugnier, qu'il avait épousée dans les derniers mois de 1774, ou au début de l'année 1775. Son union cependant avait été féconde et très probablement heureuse.

Deux faits incontestables combattent cette prétendue inconduite.

Fouquier-Tinville resta veuf, sans fortune, avec quatre enfants. Dans une situation si désavantageuse, devant laquelle hésiterait plus d'une famille, il trouve à se remarier, et avec qui ? avec Mlle Gérard d'Aucourt [2]. Mais s'il avait été obligé de vendre sa charge par suite de ses fautes, si sa première femme était morte de chagrin, cela se serait su ; on pouvait si facilement s'en assurer ! On ne s'est pas jeté follement dans les bras de Fouquier, on a dû

1. Fouquier-Tinville avait raison sur ce point; aussi n'en fut-il pas question au procès; or, comme l'instruction de ce procès fut fort longue et la recherche des conditions dans lesquelles il vendit très courte, il est certain que s'il avait été coupable on le lui eût rappelé.

2. Et non Erard d'Haucourt, comme le dit M. Campardon.

s'informer de divers côtés. On n'a rien trouvé contre lui. Les d'Aucourt, cependant, n'ont pu être séduits par sa figure (il n'était pas beau), ni par sa fortune (il était pauvre), ni par les enfants qu'il avait à sa charge, et malgré cela ils lui ont accordé celle dont il sollicitait la main. Il faut bien que des qualités sérieuses aient contre-balancé ce que sa position matérielle avait de fâcheux. Nous voilà bien loin de son inconduite !

Mais on a pu être trompé, de pareilles erreurs sont si aisées à commettre !

En admettant, ce qui est peu vraisemblable, que les anciens confrères de Fouquier n'aient pas voulu parler [1], qu'il n'ait pas eu d'ennemis ou qu'ils se soient tus, ou même qu'on ne les ait pas écoutés, une fois le mariage célébré, sa femme va apprendre à le connaître. Quelle désillusion la frappera, surtout dans les années qui suivront, sous la Terreur ! Quelle délivrance lui apportera Thermidor ! Non, elle aima son mari, elle l'entoura de soins dans sa prison, quand tous l'abandonnaient et l'insultaient. Lui mort, elle conserva précieusement son souvenir, elle garda avec une religieuse piété tous les documents utiles à sa défense, ses dernières lettres,

1. Fouquier était si peu coupable, ses collègues le considéraient si bien comme l'un des leurs, que sous la Restauration, sa femme étant dans la misère, ils lui accordèrent une pension viagère de 200 francs. Ce détail nouveau et caractéristique nous est fourni par Mme Fouquier (Lettre de décembre 1826).

la mèche de cheveux qu'il lui envoya peu de temps avant de monter à l'échafaud. Elle porta son nom avec un certain courage sous le Directoire, sous l'Empire, sous la Restauration !

Et cet homme, si aimé de sa seconde femme, serait cause de la mort de la première, il l'aurait brisée par son inconduite, comme il allait briser sa carrière de procureur au Châtelet ! Est-ce possible ? Est-ce vrai ? Est-ce vraisemblable ? Évidemment non, tout proteste contre ces diffamations. La première, relative à la charge de procureur, est anonyme et court les recueils ; nommons l'auteur de la seconde, c'est Désessart.

Passons.

Fouquier avait donc acheté une charge de procureur ; il s'était marié peu après ainsi que nous l'avons vu. Plusieurs enfants naquirent de cette union, savoir, d'après les biographes : Pierre-Quentin (1776) ; Geneviève-Louise-Sophie (1777 ou 78) ; Émilie-Françoise-Victoire (1779), qui habita longtemps Vervins (Aisne), et mourut vers le milieu du XIXe siècle ; enfin, Marie-Adélaïde, née en 1780 et qui ne vécut que quelques années. A cette liste, ajoutons Henriette (née du second mariage), dont nous donnons, chapitre IV, plusieurs lettres.

En 1783, Fouquier vendait sa charge ; c'est un point sur lequel nous venons de nous expliquer. Il resta jusqu'en 1792 sans fonctions, avec le seul titre d'homme de loi [1]. Que fit-il alors ? On n'en sait absolument rien, sinon qu'il composa en l'honneur de Louis XVI quelques vers qu'on lui a amèrement reprochés [2], et, — ce qui vaut mieux, — qu'il se remaria, comme nous l'avons dit, avec Mlle Gérard d'Aucourt, fille d'un colon de Saint-Domingue.

Sur Mlle d'Aucourt, nous n'avons que peu de renseignements. Il ne reste d'elle qu'un nombre très restreint de documents, encore sont-ils presque tous relatifs à l'époque qui marque la fin de l'Empire et l'avènement de la Restauration. Cependant, nous avons retrouvé une page qui mérite d'être signalée. Elle prouvera ce que nous avancions plus haut sur son amour envers son mari.

La voici :

---

1. Ce titre d'*homme de loi* équivalait à celui d'avocat, dont l'Ordre venait d'être supprimé.

2. Voici ces vers, ils ne méritent pas qu'on s'y attache plus qu'on ne fit d'ailleurs sous la Révolution ; à cette époque aucun de ceux qui les connaissaient ne songea à en faire un grief contre lui :

D'une profonde paix nous goûtions les douceurs ;
Même au milieu des fureurs de la guerre,
Louis sut, en tout temps, la donner à nos cœurs...
En l'accordant à la vieille Angleterre,
Louis admet ses ennemis
Au rang de ses enfants chéris.
Sous l'autorité paternelle
De ce prince ami de la paix,
La France a pris une splendeur nouvelle,
Et notre amour égale ses bienfaits.

COUPLETS

A chanter par Mme Fouquier de Tinville[1] *à son mary le jour de la saint Antoine, sa fête.*

Air : *Que ne suis-je la fougère?*

Si pour couronner ta tête
L'on me venoit demander
Quel jour arrive ta fête,
Quel jour il faut la chômer,
Ma réponse est préparée :
Pour Antoine, mon amour
Est trop grand toute l'année
Pour l'être plus en ce jour.

Pour savoir quand c'est ta fête
Qu'est-il besoin d'almanach ?
Je n'ai point martel en tête
Pour chercher ce beau jour-là.
Le calendrier n'amène
Ta fête qu'une fois l'an :
Pour moi, sept fois la semaine
Mon cœur en marque l'instant.

Que veux-tu que je te donne,
Cher Antoine, en ce moment ?
Si j'avois une couronne,
Je t'en ferois le présent ;
Mon embarras est extrême,
Car je ne possède rien ;
Et t'offrir un cœur qui t'aime,
C'est te redonner ton bien.

---

1. Ce nom est encore fort lisible sous l'encre dont on a essayé de le couvrir pour l'effacer.

AIR : *Je suis Lindor.*

Flore en ce jour a couronné ta tête;
Ton cœur toujours est orné de vertus ;
Antoine auroit un grand patron de plus
Si le Mérite étoit un nom de fête.

Le portrait de Mme Fouquier-Tinville, dessiné en 1790 par Adélaïde Pujos, fut vendu après sa mort, en 1828; il fut, à cette époque, adjugé à M. Walferdin, des héritiers de qui nous le tenons. Il nous la montre non d'une grande beauté, mais douce et bonne, l'œil assez fin, le front haut et intelligent. C'était, avant tout, une femme de bon sens et de cœur. Saluons-la au passage.

En 1792, Danton était tout-puissant ; Camille Desmoulins n'était pas sans crédit auprès de lui, aussi Fouquier de lui écrire :

20 Août 1792.

Jusqu'à la journée à jamais mémorable du 10 de ce mois, mon cher parent, la qualité de patriote a été non seulement un titre d'exclusion à toute place, mais même un motif de persécution ; vous en fournissez vous-même l'exemple. Le temps est enfin arrivé, il faut l'espérer aussi, où le vrai patriotisme doit triompher... Mon patriotisme vous est connu ainsi que ma capacité, surtout pour les affaires contentieuses. Je me flatte que vous voudrez bien intercéder pour moi auprès du ministre de la justice[1] pour me procurer une place soit dans

1. C'était Danton.

ses bureaux, soit partout ailleurs. Vous savez que je suis père d'une nombreuse famille et peu fortuné; mon fils aîné, âgé de seize ans, qui a volé aux frontières, m'a coûté et me coûte beaucoup. Je compte sur votre ancienne amitié et votre zèle à obliger. Je rappelle à votre souvenir de Viefville, notre parent commun, dont la position est plus fâcheuse que je ne puis l'exprimer.

Je suis très parfaitement, mon cher parent, votre très humble et très obéissant serviteur,

FOUQUIER, *homme de loi.*
Rue Saint-Honoré, n° 356, vis-à-vis l'Assomption.

Cette lettre a été publiée à plusieurs reprises, et les ennemis de la Révolution en ont profité pour montrer Fouquier demandant une place ; il est juste d'ajouter qu'ils ont, parfois aussi, supprimé la dernière phrase qui nous le fait voir, — chose bien rare chez un solliciteur, — implorant, non seulement pour lui, mais encore pour un parent dans la détresse. Il est malheureux, il a une nombreuse famille, de lourdes charges ; cependant il n'est pas égoïste et il signale à Camille la position fâcheuse de leur cousin de Viefville des Essarts. Fouquier n'avait pas un cœur sec et dur, fermé aux idées charitables, tant s'en faut, et c'est là, dans son caractère, un trait original beaucoup trop dédaigné. Plusieurs documents, écrits en pleine révolution, confirment cette particularité. Pour ne pas nous attarder trop longtemps sur ce point, bornons-nous à la citation suivante :

Paris, ce 23 juillet 1793, l'an II de la République une et indivisible.

Je profite de l'offre obligeante que vous m'avez faite, citoyen, pour vous adresser une mère de famille intéressante et qui a besoin, pour fournir à la subsistance de ses enfans, que son mary soit placé ; il écrit passablement, ainsi que vous êtes à même de vous en convaincre par l'inspection du mémoire cy-joint écrit de sa main. Je désirerais pouvoir le placer dans ma partie, mais il n'y a point de place, et j'aime à croire que si vous pouvez faire quelque chose pour lui, vous vous empresserez de le faire. Je vous en auray, à mon particulier, une sincère obligation.

Salut et fraternité,

FOUQUIER-TINVILLE.

Le citoyen Coulombeau, secrétaire de la Municipalité.

Nous voilà loin de l'ambitieux, du méprisable égoïste, qui, d'après les Thermidoriens, ne songe qu'à lui. Mais revenons à la lettre de Fouquier faisant une démarche pour son propre compte. Desmoulins ne fut pas sourd à la prière qui lui était adressée ; il fit nommer son cousin directeur du jury d'accusation.

Deux mots nous apprendront ce qu'étaient ces fonctions.

Le 17 août 1792 avait été organisé un tribunal chargé de juger les crimes commis le 10 août contre le peuple. Avant de comparaître devant les juges, les prévenus avaient à subir l'examen du jury d'accusation [1]. Ces juges étaient présidés chacun par un président qui faisait l'instruction et présentait un acte dont l'adoption ou le rejet renvoyait l'accusé devant le tribunal ou amenait sa mise en liberté.

Du 1er septembre au 29 novembre, Fouquier eut à prendre vingt-cinq fois la parole. Il présente : 1° neuf actes d'accusation, dont trois amenèrent la mort, l'un de Cazotte, le second de Nicolas Roussel, le troisième d'un assassin ; le tribunal prononça, dans les autres, des peines assez minimes, et même des acquittements ; 2° trois actes de non-acceptation en faveur de sept personnes ; 3° enfin, treize rapports déchargèrent dix-sept prisonniers de toute accusation.

On cite à ce sujet, sur Fouquier, une histoire fort touchante et qui lui ferait grand honneur ; mais elle est d'une authenticité douteuse. Mieux vaut n'en pas parler.

Le 29 novembre 1792, le tribunal était supprimé. L'ex-directeur du jury d'accusation redevenait simple citoyen, mais ce n'était que pour peu de temps, car bientôt après il fut appelé aux fonctions d'accusateur public.

---

1. C'était quelque chose d'assez semblable aux chambres de mise en accusation actuelles.

On sait quel triste rôle joua le Tribunal Révolutionnaire, entraîné par la tourmente. Antoine-Quentin Fouquier-Tinville se rendit le complice plus ou moins conscient de tous les actes de ce tribunal et si, sur certains points, il semble se justifier complètement, il en est beaucoup d'autres pour lesquels nous nous refusons complètement à le regarder comme innocent.

Arrêté à son tour après Thermidor et malgré sa part à la condamnation de Robespierre, il fut condamné et exécuté après une assez longue captivité. C'est de cette captivité que nous allons nous occuper.

CHAPITRE II

CAPTIVITÉ ET MORT DE FOUQUIER-TINVILLE

Longue fut la captivité, longue l'instruction du procès de Fouquier. On ne voulait pas qu'il pût échapper à une condamnation capitale et les preuves contre lui semblaient insuffisantes. Certes, je ne viens pas ici me constituer son avocat d'office, mais j'examine ce procès dans les conditions où il s'est produit. Il est tout naturel qu'aujourd'hui nous disions : Il ne fallait pas accepter ces fonctions ; les ayant acceptées, il fallait lutter, au risque d'être massacré, mais ne pas laisser condamner les Dantonistes et bien d'autres victimes de Robespierre et des Comités. Malheureusement ceux qui tiennent ce langage avec M. Wallon, oublient un peu trop qu'à ce moment, si Fouquier a trop obéi aux ordres reçus, il avait pour complices tous les représentants de la nation. Lorsque la Convention mettait hors la loi les meilleurs des siens, lorsque Saint-Just, recevant la lettre de Fouquier, qui devait sauver Camille Desmoulins et ses coaccusés, monta à la tribune, dénatura le sens de la lettre qu'il eut soin de ne pas lire, et que la Convention lui donna gain de cause, les plus coupables ne sont pas au Tribunal Révolutionnaire. Les Thermidoriens le savaient bien, ils le sentaient ; ils surent profiter des fautes indéniables des vaincus et du pouvoir que leur donnait leur propre victoire pour détourner le courant de l'indignation publique. Cela résulte de l'étude attentive des événements. Au nombre de ceux qu'il était nécessaire de faire disparaître, figure Fouquier-Tinville. Puisqu'il s'était livré lui-même, la chose était facile. On commença par le faire espionner.

Un mouchard écrit la lettre édifiante que voici :

Au citoien Amar.

Citoien représentan,

Fouquet-Tinville est ici depuis huit jours; il n'est pas au secret.

Il fréquente assiduement d'Aubigny, Audouin, le concierge de Lazare, et les jurés qui exerçaient au tribunal révolutionnaire dont il était accusateur public.

Il correspond avec le dehors.

Il a dit hautement qu'il faisait imprimer un mémoire contre les comités.

Quand il a su le projet denonciation de Lecointre il a dit que c'était lui qui lui avait fais parvenir des moyens et son mémoire.

Les citoiens Levis et Rigolot, de qui je tiens ces faits, pourront d'ailleurs nommer ceux qui en ont comme eux connaissance et qui ont été les témoins de quelques autres conversations.

Je crois servir la République en vous faisant passer cette notte.

RISTON.

Maison d'arrêt de Pélagie, ce 15 fructidor, l'an II
de la République françoise, une et indivisible.

Mais les *moutons* ne rapportaient que des bavardages sans consistance. Il fallait mieux, et cela était d'autant plus nécessaire que le ministère public hésitait. Il s'y reprit à deux fois pour rédiger son acte d'accusation, il avait des scrupules et ne savait comment agir !

Il existe à ce sujet trois pièces édifiantes, il y en a d'autres, évidemment, mais ce sont les seules que le hasard nous ait fait rencontrer, elles valent la peine d'être signalées [1].

Dans la première, le substitut Cambon, qui traite le procès de *monstrueux,* fait observer que l'acte d'accusation n'est pas dressé avec précision et que les faits y sont articulés d'une manière trop vague. Il demande à en dresser un nouveau où il exposera d'autres chefs d'accusation (7 nivôse an III).

Dans la seconde, c'est l'accusateur public lui-

1. La preuve du grand nombre de ces lettres est encore dans le mot *journellement* de la réponse du comité, réponse qu'on lira plus loin.

même[1] qui écrit, pendant les débats, le 8 floréal de la même année aux membres du Comité de Législation. Cette fois le procès touche à sa fin, mais il y a des coaccusés ; les jugera-t-on avec Fouquier ou séparément ? Son embarras est grand.

Plus grand encore le mécontentement des thermidoriens ; il leur faut leur proie, et vite, qu'on en finisse et au plus tôt. J'ai sous les yeux non leur lettre offi-

---

1. Paris, le 8 florial de l'an III de la République françoise, une et indivisible.

L'accusateur public près le Tribunal Révolutionnaire, aux citoyens représentants du Peuple, membres du Comité de législation :

« Citoyens,

« Le débat dans l'affaire de Fouquier Tinville touche à son terme ; il est à la veille d'être clos ; mais, indépendamment des coaccusés, au nombre de neuf, qui ont été déjà mis en jugement depuis l'ouverture du débat, il a été décerné ces jours derniers mandat d'arrêt contre trois autres, et on en entrevoit encore contre lesquels il faudra prendre les mêmes mesures. Doit-on mettre de suite en jugement tous ces coaccusés pour fait de complicité, et les faire juger conjointement, ou bien la disposition de l'article 22 du titre IV de la loi du 8 nivôse, est-elle simplement facultative, de manière qu'après avoir décerné mandat d'arrêt, l'accusateur public puisse laisser juger le procès principal et instruire ensuite celui de complicité. Il s'est élevé des doutes sur ce point ; vous voudrez bien les résoudre en nous fixant sur le vrai sens de la loi. Je me bornerai à vous observer qu'il serait à désirer qu'elle pût se prêter à l'opinion qui écarterait en ce moment une répétition nouvelle de témoignages sur les mêmes faits et la prolongation nécessaire de la discussion qui en est la suite.

« Salut et fraternité.

« JUDICIS. »

« *P. S.* — On vient de m'observer de plus que, Fauveti, l'un de ceux contre qui on a décerné un mandat d'arrêt, ayant été membre de la Commission d'Orange, un des jurés de l'affaire Fouquier se trouverait forcé de s'abstenir si Fauveti était mis en jugement, ce qui présente un inconvénient de plus. »

cielle, mais la minute, avec ses ratures. Chaque mot doit en être pesé par le lecteur. Voici ce document :

A l'accusateur public près le Tribunal Révolutionnaire.

Les doutes que tu nous proposes journellement, citoyen, dans l'affaire Fouquier-Tainville se multiplient d'une manière qui nous étonne et qui nuit essentiellement au cours de la justice.

Bien éloignés de vouloir influencer ses décisions, nous sentons néanmoins le danger d'une hésitation toujours renaissante dans l'instruction de cette affaire dont l'expédition est si importante.

Les expressions dont aujourd'hui tu nous demandes de fixer le sens sont à l'abri de toute équivoque.

L'accusateur pourra décerner, etc. Si cette disposition n'est pas facultative, il n'y a plus rien de certain dans notre idiome.

Salut et fraternité.

Cette pièce me semble avoir une importance capitale. En effet, en admettant que la lettre de Judicis, en date du 8, soit relative exclusivement à un détail de procédure, qu'elle n'ait pas d'autre but, il ne saurait en être de même en général de l'attitude du parquet. Chose étrange, voilà, au dire de l'accusation, un procès qui va permettre de juger un si grand criminel qu'aujourd'hui encore l'opinion publique est unanime sur son compte ; l'affaire est grave, et pourquoi en retarder la solution ? Est-ce qu'il pourrait y avoir la moindre hésitation ?

Oui, il y en a, elle est même caractéristique, car

elle se reproduit « *journellement* », elle est sans cesse *renaissante*. L'accusateur public, son substitut *hésitent*, et il y a, à cette hésitation, un *danger extrême*. Paroles graves assurément et qui nous permettent de dire qu'en poursuivant on fit, avant tout, un procès de tendance. Le Parquet du *tribunal réparateur*, après trois longs mois de tergiversations, dut enfin prendre le parti que les Législateurs lui dictaient.

Je ne veux pas aujourd'hui examiner les chefs d'accusation formulés contre Fouquier : non parce que je déserte le terrain de la discussion; j'ai déjà formulé mon opinion au sujet de l'ancien accusateur, mais parce que j'estime qu'il y a là matière à une étude particulière. Je constate seulement les nombreux doutes du magistrat instructeur et la colère qu'ils excitent chez les politiciens victorieux.

Ce n'est pas tout. Il fallait des témoins à charge; on n'avait trouvé que le menu fretin; mais les témoins à sensation, ceux qui devaient écraser l'accusé, où les chercher ? Parmi ceux qui auraient dû être poursuivis naturellement, c'est-à-dire parmi les complices de Fouquier; et ces témoins seront les greffiers, inquiets et tremblants jusqu'au jour où l'impunité sera la récompense de leurs dépositions.

Déjà nous avons, à ce sujet, la protestation énergique de Fouquier. Par elle-même elle a peu de valeur; mais elle n'est pas seule. Écoutons-la d'abord, nous verrons ensuite le cas qu'il en faut faire.

Dans ses *notes nouvelles,* Fouquier s'exprime en ces termes sur le compte de Pâris, dit Fabricius.

« L'accusateur public Fouquier n'a cessé de déférer aux recommandations de Pâris dans les affaires auxquelles il s'intéressait. Il a reçu une dénonciation qui lui a été faite par Wolf, contre ce même Pâris, et demandait : « Cet imbécile de Wolf veut-il donc « faire guillotiner Pâris ? »

« Lors de l'affaire de Danton, ayant ouï dire aux comités qu'il fallait faire arrêter Pâris, l'accusateur public parvint à faire suspendre l'ordre; il en prévint Pâris, l'invitant à être plus circonspect pour éviter un nouvel ordre d'arrestation. Pâris le lui promit, mais il eut l'indiscrétion de se vanter qu'il ne signerait pas le jugement de Danton : alors il fut arrêté. Plusieurs fois l'accusateur public s'est occupé de lui faire recouvrer sa liberté. Pâris même lui a écrit, environ un mois après son arrestation, sous le titre d'ami; on l'a entendu plusieurs fois témoigner des regrets de ne pouvoir obtenir sa liberté. Un jour, Duchâteau, secrétaire du parquet, allant se promener au Luxembourg, répondit au salut de Pâris; il fut arrêté, conduit chez le commissaire de police ou au comité révolutionnaire de la section du Théâtre-Français; l'expédition de ce procès-verbal a été transmise à l'accusateur public, et on voulait qu'il y donnât suite; elle était encore sur la table de mon cabinet le jour du décret qui a ordonné son arrestation.

« Cependant ce même Pâris est un de mes plus grands ennemis; il est le chef des témoins, je pourrais dire le directeur, et en même temps il est dépositaire de toutes les pièces du greffe, même de plusieurs du parquet, qu'il s'est appropriées, dans lesquelles je dois trouver ma justification; aucune de ces pièces n'a été cottée ny paraphée, ny le nombre n'en a été constaté; de façon que cet ennemi implacable a pu, à son gré, altérer et soustraire celles qu'il lui aura plu; c'est sans doute dans cette intention que, le 19 nivôse de l'an second, ce même Pâris s'est permis d'enlever du parquet, sans en donner aucun récépissé, ny faire constater le nombre ny l'état des pièces, environ cent dossiers de procès et les extraits des jugemens que l'accusateur public étoit tenu d'envoyer à la commission des revenus nationaux, et tous autres reçus y relatifs : cet enlèvement arbitraire a été fait du consentement de Le Blois, ex-accusateur public, contre l'opposition formelle des Coutain frères et en présence de François, garçon de bureau, et d'un autre secrétaire dont j'ignore le nom.

« Ce même Pâris s'est vanté qu'il tirerait lui-même la corde pour me pendre. Ce même Pâris, le jour de ma comparution au tribunal, le 28 frimaire, a introduit par la porte latérale du bout de la salle un certain nombre de témoins et autres individus; puis, sous prétexte de les faire chauffer, il en a introduit d'autres dans son cabinet, et là il s'est entretenu de mon affaire, et c'est lui qui est dépositaire de tous les papiers dans lesquels je dois puiser ma justification. »

J'ai dit que l'affirmation de Fouquier est suspecte. En effet, un accusé qui se défend contre un témoin peut inspirer quelque défiance s'il accuse ce témoin. Cependant Lecointre le croit et, dans sa dénonciation [1], invoque ses dires. C'est sur les souvenirs de Fouquier qu'il s'appuie. Quant à Pâris, qui s'affubla du sobriquet de Fabricius, qui joua un rôle douteux et louche pendant la Terreur, qui, après avoir été « le chien courant de Danton », devint le protégé de Tallien, son nom ne put être prononcé à la Convention, au lendemain de Thermidor, sans provoquer des marques non équivoques d'indignation.

L'ex-greffier le savait; il sentait autour de lui bien des colères et bien des haines. Pour se sauver, il accusa, et encore, et toujours, comme s'il eût cru qu'il n'était pas complice de bien des crimes, et qu'en chargeant les accusés il ne se chargeait pas lui-même. Mais on ne pouvait le poursuivre,

1. Les crimes de sept membres des anciens comités... par Laurent Lecointre, député de Seine-et-Oise.

car, en le faisant asseoir sur le banc d'infamie, on se serait privé d'un témoin essentiel. Pâris savait tout cela, et bien d'autres avec lui. Aussi le 24 germinal an III, le président reçut-il un mémoire important sur le procès qu'il allait juger.

L'auteur de ce mémoire, nommé Thiéry, est très au courant des choses du Palais, et connaît à fond la procédure usitée avant et depuis la Révolution. Son travail, assez volumineux, se divise en deux grandes parties : réfutation du système de défense des jurés ; demande de mise en jugement des greffiers. Pour les jurés, Thiéry a la partie belle. Il les montre peu fermes lors de leurs interrogatoires, déclarant que c'est « contre leur gré, contre le vœu de leur cœur qu'ils avaient rempli leurs pénibles fonctions au Tribunal, surtout depuis la loi du 22 prairial », au point qu'ils auraient « caché leur qualité de jurés à tout le monde », et se plaignant, étrange contradiction, de ce qu'on faisait le procès à la sublime institution du jury. Il prend chacune de leurs déclarations et prouve facilement leur culpabilité.

Les greffiers, selon lui, ne sont pas moins criminels. D'abord, les interrogatoires n'ont pas été faits dans les formes prescrites par la loi, rien n'a distingué l'interrogatoire d'office, fait dans les vingt-quatre heures de la transmission des pièces, des autres interrogatoires, acte d'accusation et autres pièces de procédure.

Puis, avec une logique incontestable, Thiéry ajoute :

Dans tous les temps, un greffier a été la principale cheville ouvrière d'un tribunal. La Révolution a-t-elle pu anéantir cette cheville; pour un tribunal révolutionnaire souverain quelle est la loi qui le porte? La formation de ce tribunal est-elle tellement sauvage que la Convention ait pu l'entendre ainsi, au point que le greffier, qui ne serait responsable de rien, aurait cependant à sa discrétion toutes les têtes qui composeraient le tribunal, qu'il pourrait faire tomber à son gré, étant maître de les compromettre autant de fois qu'il le voudrait, puisque, étant l'archiviste du tribunal, il serait en quelque sorte le maître de faire signer aux juges ce qu'il voudrait, ou au moins d'arranger ses rédactions de manière à mettre une ligne de plus, à approuver des ratures, renvois, surcharges à sa discrétion; en supposant même que les juges se méfiassent de lui au point de vouloir toujours lire avant de signer, ils ne pourraient mettre à l'abri leurs têtes qu'en se faisant donner par le greffier un certificat ou un procès-verbal qui constate l'état de la pièce par eux signée, ce qui serait aussi ridicule qu'absurde.

Le procès actuel ne pourra donc être considéré par les hommes de sang-froid que comme un monstre dans l'ordre judiciaire.

Quelle cruelle position que celle de juges, aujourd'hui surtout que le greffier serait le souverain d'un tribunal qui n'aurait pas eu la faculté de le choisir, puisque, comme lui, il est nommé par la Convention ; que celle d'être à la discrétion d'un homme que l'on ne connaît pas ou que l'on connaît trop, mais que l'on n'est ni le maître de changer, *ni de donner sa propre démission!*

La loi qui veut, à peine de nullité des jugements, la signature du président et du greffier n'est pas rapportée pour le tribunal révolutionnaire. Eh bien! des deux choses l'une : ou le greffier a signé, ou il n'a pas signé; au premier cas, il est coupable comme le juge, et au second il est criminel d'avoir donné des extraits pour faire exécuter des jugements nuls et, par conséquent, des jugements qui n'existaient pas [1].

Cet argument était sans réplique ; on se garda bien d'y répondre. Pâris, pour toute excuse, si on lui reprochait sa conduite, disait : J'ai obéi. C'est précisément la réponse de Fouquier. La postérité ne l'admettant pas pour ce dernier, ne saurait l'admettre pour l'autre.

En se constituant prisonnier, Fouquier-Tinville ne se faisait aucune illusion. Une seule chose le préoccupe : l'accueil fait dans l'avenir à sa mémoire ; dans le présent, il se sait exécré et perdu. Aussi dit-il : « Ce qui était vertu il y a six mois et un an, est aujourd'hui crime irrémissible..... Je me défendrai en homme innocent que je suis..... Mon inquiétude, c'est d'être sacrifié, non jugé. » Ces quelques mots résument toute la correspondance de Fouquier avec sa femme, correspondance longue, volumineuse, comme elle devait l'être pendant trois mois de détention. La partie qui en a été sauvée par M. Walferdin est relative surtout à l'impression de ses *Mémoires* et aux mesures à prendre, s'il est condamné comme il s'y attend, pour qu'il reste un peu

1. Observations remises au Président du Tribunal Révolutionnaire, par Thierry.

de pain à sa veuve et à ses enfants ; il y a là aussi la dernière lettre, lettre d'adieu, écrite presque au moment de partir pour l'échafaud et envoyée avec une mèche de cheveux.

Il est à remarquer que tandis que Camille Desmoulins parlait à Lucile de l'autre monde, de la vie future, Fouquier, comme Goujon, comme Babœuf, dont j'ai sous les yeux les derniers écrits, pense que tout est fini, et cependant, il y a un au delà de la mort : la postérité dont le jugement l'inquiète.

De cet ensemble de lettres écrites à Mme Fouquier (alors rue de la Harpe, 242), j'ai écarté celles qui se bornent à demander des provisions ; je publie les autres qui forment le chapitre, sans y rien changer, me réservant seulement d'y ajouter, en note, quelques explications qui en rendront la lecture plus facile.

Un dernier mot : Fouquier, lors de son jugement, fit preuve d'un grand sang-froid et mourut assez courageusement, quoi qu'en aient dit ses ennemis. Ceux-ci, d'ailleurs, poussèrent la cruauté jusqu'à répandre une lugubre plaisanterie. En effet, M. Campardon nous apprend, que, suivant une « tradition assez répandue, et *qui a pris sa source on ne sait où,* Fouquier aurait été exécuté sur un ordre signé de lui-même » ; mais l'honorable historien s'empresse d'ajouter que malgré ses investigations, il n'a vu nulle part d'ordre d'exécution signé en blanc par

Fouquier. Pour lever tous les doutes, nous reproduisons en planche hors texte, la réquisition adressée au charpentier, par l'accusateur public, Judicis.

Enfin, et c'est par là que je termine ce chapitre, si j'omets volontairement de parler des débats du procès, c'est qu'ils sont intimement liés aux notes préparées par Fouquier, notes destinées à être publiées un jour.

CHAPITRE III

PRINCIPALES LETTRES DE FOUQUIER-TINVILLE A SA FEMME PENDANT SA CAPTIVITÉ.

Je t'envoye, ma bonne amie, mon mémoire, sauf l'addition à y ajouter relativement à la dénonciation de Lecointre; je la feray ce soir et demain à une heure je te l'enverray; il seroit bien nécessaire que tu pusses faire imprimer au plus tôt ce mémoire, car il est probable que je ne tarderay pas à être mis en jugement; donnes toujours cette partie à imprimer, et presses-la. — L'addition ne sera pas longue. Il m'arrivera ce qui pourra, je suis toujours résigné, ma conscience est pure; mais il importe pour la postérité que ce mémoire soit imprimé; je suis fâché de toutes les peines que je te donne; conserve ta santé pour nos enfants, ils en auront besoin; surtout ne t'affliges pas et ménages le peu que tu as. Je me deffendray en homme innocent, tel que je suis. — Il faut convenir que je suis bien malheureux que la Convention n'aie pas demandé la lecture de mon mémoire. Je n'ay donné, dans aucun temps, des notes ny écrit de lettre anonyme; je n'ay remis que mon mémoire qui est le résultat des pièces trouvées chez moy; et il y a une foule de faits qui ont l'air, dans la dénonciation de Lecointre, de m'appartenir; et ils me sont absolument étrangers. C'est l'objet de mon travail de ce soir.

N'oublies pas l'impression de mon mémoire; il me faudra aussi un défenseur, il faudroit voir Lafleuterie, rue de la Verrerie, au coin de celle du Renard, pour sçavoir s'il veut prendre ma défense, ou Gaillard la Ferrière, rue Beaubourg, section de la Réunion.

Réponds à mon fils, tranquillises-le sur mon innocence, et invites-le à se livrer au travail. Je t'embrasse, ta tante et les enfants.

Comme je te l'ay promis hier, ma bonne amie, je te transmets l'addition ou plutôt la fin de mon mémoire; elle m'a coûté un peu de peine pour la réduire au taux précis où je la crois nécessaire; je t'invite à hâter l'impression, et à bien attacher le tout ensemble pour que rien ne se perde, car c'est la seule minute que j'ay; je peux en corriger l'épreuve, cela est même essentiel; ainsi on peut me l'envoyer, je ne la retiendray pas. Tu en feras d'abord tirer cinq cents, et tu me marqueras combien ils coûteront; je t'invite à réfléchir et exécuter les autres parties de ma lettre d'hier, il faut veiller au Moniteur, c'est un objet dont tu tireras au moins 1,200 francs qu'il est essentiel que tu ne perdes pas; informes-toy s'il y a quelques nouvelles sur mon compte; je reviens à l'impression; elle est bien urgente; je vais m'occuper de composer la liste des personnes auxquelles il sera nécessaire d'en distribuer, ensemble celle des témoins que je me propose de faire entendre. As-tu vu Loyseau, quelle est la raison qui t'en a empéchée? as-tu vu ou verras-tu bientost les deffenseurs que je t'indique par ma lettre d'hier? Je t'avoue que ta lettre est la seule consolation que j'éprouve; je redoubleray d'efforts pour supporter le poids accablant sous lequel je gémis. Mais dépourvu de toutes nouvelles, ne voyant aucuns journaux, il n'y a rien d'étonnant de s'abandonner à la douleur, surtout se voir attaqué par la calomnie la plus noire sans avoir la faculté d'y répondre.

Je sçais que je suis innocent et qu'aucune mauvaise action ne peut m'être reprochée avec la moindre apparence; mais l'homme abandonné à luy-même, tel que je suis, perd beaucoup par intervalle de son énergie et de son courage.

Je t'embrasse, ta tante et mes enfants.

Les épinards que tu m'as envoyés étoient bons; je les ai mangés tout de suite, au moins la plus grande partie. Envoyes demain deux serviettes, moins de raisins, un petit fromage et point de pois.

Bonjour, ma bonne amie, tu n'attendois pas si matin de mes nouvelles. Tu as sans doute inséré dans mon mémoire les différentes additions que je t'ay transmises, notamment celle finissant par ces mots : « Les grands conspirateurs *ex-nobles et prêtres.* »

Je désirerois que tu fisses ajouter après ces mots ex-nobles et prêtres, ceux-cy : « D'après les circonstances actuelles il ne peut rester aucun doute sur les véritables motifs de l'auteur de la déclamation et dénonciation contre moy dirigée...

Et au lieu de ces mots, sans l'art de l'éloquence comme sans prétention, il convient y substituer ceux-cy : « *Sans fiel comme sans passion* ». Ce passage est à la fin de la dernière partie de mon mémoire.

Ces changements sont nécessaires.

Ma demande doit te prouver que mon affaire m'occupe par dessus tout. — Dans le cours de mon mémoire, et vers la fin, il y est parlé de la conspiration du Luxembourg; notamment il doit s'y trouver ces expressions : *Ce qui a été ponctuellement exécuté les* 19, 21 *et* 22 *messidor*.

Or, je désirerois qu'en marge de ces expressions et par forme de renseignements on mît ces mots : Il doit se trouver dans les archives de la commission populaire, séante au Louvre, une lettre que je lui ay écritte dans la nuit du 18 au 19, dans laquelle je lui mande que, d'après la décision du Comité du Salut public, l'affaire de conspiration du Luxembourg se jugera en trois séances; j'invite en conséquence la commission populaire à me transmettre dans la matinée du 19 toutes les notes, pièces et renseignements qu'elle pourroit avoir relativement à ceux qui devoient être mis en jugement, et donc à cette fin je lui ay transmis les noms avec ma lettre; j'en ay usé ainsi dans toutes les autres affaires.

On peut mettre cette notte au bas de la page, si en marge on prévoyoit qu'il n'y eût pas assez de place.

Quand l'on fait un mémoire sans pièces, ce n'est qu'en réfléchissant et avec le temps que l'on parvient à se rappeler différents faits importants.

Je suis satisfait de ta lettre, ma bonne amie. Dans l'espoir d'être transféré ce soir ou demain matin, je te renvoye une chemise, et les deux volumes des Révolutions de Prud'homme; informes-toi où est l'arresté qui m'autorise à amalgamer; je ne me rappelle pas; au surplus, ma défense n'est nullement embarrassante sur ce point comme sur tout le reste. Envoyes demain à huit heures du matin; si je suis transféré, j'emporteray ce que je pourray. Sois toujours aux aguets, surtoust prépares les numéros de Fréron pour ma deffense. Bonsoir, bonne nuit et bonne santé.

Tu as raison, ma bonne amie; apposer ma signature à mes mémoires est le seul parti à prendre pour éviter toute contrefaction (*sic*); cela est très praticable, car qu'ay-je de mieux à faire qu'à éviter tous les pièges que l'on cherche à me tendre? Je te remercie des nouvelles que tu me donnes, envoyes-moi demain une dizaine d'exemplaires, et plus si tu peux, de mémoires pour que je les signe et tu ne les distribueras qu'aux personnes que je t'indiqueray. Je ne vois et ne sçais rien; les administrateurs nous ont fait espérer hier que nous aurions bientost les journaux; je le souhaite, continües à m'envoyer ce que tu estimeras le mieux ; tu sçais que je ne suis pas difficile pour le mangé; je mange parce qu'il le faut. Envoyes-moy du sel, du poivre et débouche la bouteille, car je n'ay ny couteaux, ny cizeaux, ny tirbouchon.

Je te fais passer des bas de soye, deux torchons, une chemise, un mouchoir, une bouteille.

Je t'embrasse, nos enfants et ta tante. A demain.

Je garde l'écuelle servant pour la fricassée.

Je voudrois, ma bonne amie, que tu me fasses passer quelques exemplaires de mon mémoire demain avec mon dîné, car je n'en ay plus un ; je t'ay laissé maîtresse d'user de mon mémoire, ainsi que tu aviserois; ainsi agis pour le mieux. Sçaits-tu si les mémoires que tu as envoyés à la Convention ont été distribués, sçais-tu s'ils se vendent, bien entendu au profit de l'imprimeur? Je t'ay demandé une copie des lettres de Marat; joint aux originaux celles de Montaine; Brochet demeure rue André-des-Arts, près celle de l'Éperon; je t'observe qu'étant essentiel de conserver de mes mémoires, il importe de ne pas les laisser épuiser. Je n'ay ny cuillère ny fourchette, comme on ne se sert que de cuillères de boüet et de fourchettes semblables à la cuillère cassée que je t'envoye; envoye-moy demain deux cuillères et une fourchette, car cette cuillère ne m'appartenant pas, il faut que je la rende au préteur. Je m'ennuyes furieusement de ma position que je supporterois avec plus de patience si je l'avois méritée. Veilles toujours à sçavoir ce qui se débite à mon sujet, car il faut une fin. Bonsoir, bonne santé; je t'embrasse, la tante et mes enfants.

Ce Gonneau dont tu me parles, ma bonne amie, m'est connu: je suis en état de lui répondre en temps et lieu; c'est une créature à Fabricius, et il est tout ce que tu m'en mandes et quelque chose de plus. Je n'ay point encore été interrogé, et malgrés mon innocence, je désirerois qu'ils m'oubliassent pendant quelques mois, car les choses ne sont pas belles; tu n'enverras pas ma lettre au C.; elle est désormais inutile. Tu ne me parles ny ne m'as envoyé ma vieille redingotte; cependant celle actuelle ne me sert pas comme si elle avoit été raccommodée, je ne te fais aucunes réflexions, car tu es plus à même d'en faire que moy sur tout ce qui se passe au moyen de ce que tu lis les papiers, nouvelles dont je suis privé. J'ay seulement entendu hier soir par ma croisée crier un journaliste, décret qui ordonne l'arrestation du nommé Chrétien et des nommées Clémence et Marchand et grande dénonciation contre Barrère, Billaud-Varennes et Collot d'Herbois. Taches de m'envoyer cette redingotte. Tu ne me parles jamais de ta santé; as-tu les journaux de la Montagne que tu devois te procurer hier. Si je n'ay pas de tes nouvelles de ce jour, je te dis bonsoir et t'embrasse, la tante et les enfants.

Je n'ay plus de bougie que pour aujourd'huy, les soirées devenant très longues.

Il est cinq heures passées, ma bonne amie, et je n'ay encore vu ny deffenseur ny entendu parler d'interrogatoire; ce sera sans doute pour demain, à moins que les circonstances n'aient fait changer d'avis. Je crois qu'il faudroit faire imprimer mille autres exemplaires qui doivent coûter moitié moins et au-dessous, mais il faudroit deux choses, la première que l'impression fût avec les deux notes, la seconde que cette impression fut faitte sans aucun retard, alors tu en adresserois huit exemplaires à chacun des comités civils des sections de Paris. Mais il n'y a pas de temps à perdre; il ne faut pas, de la part de l'imprimeur, des promesses, mais une exécution prompte, car le moment est arrivé où il faut éclairer mes concytoyens sur mon compte.

Tu ne m'as jamais mandé si tu avois reçu les 105 francs que tu as dû payer à la Conciergerie le lendemain de mon transfèrement; j'aurois bien été jaloux de sçavoir si mes mémoires détermineront quelques jacobins à parler de moy ce soir, et dans ce cas ce qu'il en sera dit; il seroit bon d'envoyer demain matin chez le deffenseur pour sçavoir la cause du retard de mon interrogatoire et de sa visite.

Toute réflexion faitte, ma bonne amie, ne m'envoye pas les épreuves de mon mémoire, substitües au mot *intention* qui se trouve avant ceux-cy : les arrestés du Comité de Salut public, celui-cy : *les ordres* et hâtes l'impression. J'ay mis le C. Robin au nombre de mes témoins.

Il ne seroit pas déplacé que tu visses celui des deux deffenseurs que je t'ay indiqués.

Je ne suis pas à m'appercevoir que la bonne est plustost une amie qu'une domestique; je suis persuadé que tu la traites comme elle le mérite; je regrette de la faire entendre, mais tu me l'as fait dire; j'ay mangé autant que j'ay pu de l'artichaux que tu m'as envoyé, — cela est la cause de son attente pour ma réponse, — tu m'as envoyé les deux volumes que je demandois.

Avant ces mots, *j'ay parcouru et détruit,* tu ajouteras les expressions suivantes : Je n'ay pas parlé davantage, dans mon mémoire, des *C. Sauvebeuf et Leymarie;* je déclare que les faits à eux imputés par l'article 19 de la dénonciation dont s'agit me sont absolument étrangers et que je n'en ay nulle connoissance.

Je te remercie de toutes tes attentions, portes-toi bien, ménages ta santé. Je t'embrasse, la tante et les enfants.

Je reçois ta lettre, ma bonne amie, qui me fait d'autant plus de plaisir qu'elle m'assure que tu te portes bien. J'ay reçu aussi mon mémoire, je vais tout arranger de manière que tu puisses tout avoir cet après-midy.

Salut.

Je t'embrasse, ta tante et les enfants.

Je voudrois avoir une bouteille d'eau-de-vie, car on ne se soutient qu'en en prenant un peu.

Je te donne bien de la besogne, ma bonne amie, mais mon affaire l'exige; malgré mon innocence, il faut préparer mes moyens de deffense pour repousser et terrasser les atrocités des méchants. Tu m'as promis la liste des personnes qui te demandoient des mémoires, au moins je crois que c'est celle-là; je l'attends demain.

Bonsoir, bonne amie; quant à moy, l'insomnie me poursuit.

Je feray ce que tu me mandes par ta lettre, cela sera prest demain matin. Le C. Sarrot est un homme de loy dont on aura la demeure à la section Chalier.

Il faut attendre quelques jours pour cette distribution, serres-les de manière qu'il n'en soit remis à personne jusqu'à nouvelle détermination; bien entendu que ta tante peut le lire à la maison. Recommandes bien à l'imprimeur de n'en pas donner; je crains cela plus que tout le reste.

Tâches d'aller ce soir aux jacobins et mandes-m'en demain le résultat et des autres nouvelles.

Point de distribution non plus au tribunal, quant à présent.

Je t'embrasse de rechef; informes-toy des nouvelles du jour.

As-tu reçu les 90 exemplaires que je t'ay envoyés ce matin, tu ne m'en dis rien.

Je feray la liste des personnes à qui il faut en donner.

Je t'invite de nouveau, ma bonne amie, à presser la fin de l'impression de mes mémoires, à les corriger comme je l'ai fait, et surtout à n'en distribuer aucun à qui que ce soit que je te le mande; tu en dois deviner le motif. Je m'occupe de dresser la liste de ceux auxquels je crois devoir en être distribué. Je compte assez sur ton amitié pour ne pas douter que tu n'exécutes mes intentions sur ce point.

Tu me marques que le C. Asselin t'as dit qu'il croioit que mon frère aisné viendroit pour mon affaire, je le souhaite; mais qu'y fera-t-il, sinon qu'il pourra t'épargner quelques démarches, car tu dois être bien fatiguée; mon innocence me donne quelque tranquillité, mais la perspective ne me console pas, surtout toujours abandonné à moy-même, je me livre à une foule de réflexions plus sinistres les unes que les autres. Qui auroit jamais dit qu'en faisant mon devoir comme je l'ay fait, je serois réduit à cette triste position pour des monstres avec lesquels je n'ay jamais frayé. Le temps est un grand maître, je le sçais; aussi c'est sur lui seul que je compte. De nouveau, aucun mémoire à personne, pas même à Viefville, ny à aucun autre; mais tu peux en envoyer par la voye d'Asselin à mes frères, en lui recommandant de n'en garder aucun et de n'en donner à lire à personne.

Je t'adresse, ma bonne amie, la liste des témoins que j'estime devoir être cités pour ma justification avec les faits qui sont personnels à chacun d'eux. Il importe que tu la remettes à Lafleuterie après l'avoir lue et l'avoir fait lire aux personnes qui ont connaissance de ce qui se passe et en qui tu as quelque confiance.

Il serait à propos de faire donner des mémoires à Martin, ancien juré, rue de Savoye, section Marat.

Je vois que tu as beaucoup de peine; je voudrois pouvoir l'éviter, mais il faut se soumettre au sort, il faut espérer qu'il arrivera un moment plus heureux. Je ne suis point encore interrogé, il est six heures; je ne le seray sûrement pas aujourd'huy et ne peut l'être demain à cause de la fête.

Bonsoir, bonne santé, un plus long détail demain.

Il est huit heures demies, ma bonne amie, et je n'ay encore eu aucunes nouvelles du tribunal ny d'ailleurs, de manière que je ne peux t'assurer si à l'heure du dîner je seray à Pélagie ou ailleurs. Si je vais au tribunal et que j'y reste, je te le feray dire; si je suis transféré ailleurs, la bonne sçaura l'endroit à Pélagie; voilà la perplexité dans laquelle je me trouve; ainsi j'attends toujours comme à l'ordinaire. Quant à la question sur l'amalgame, j'ay ma réponse prête; c'est une triste ressource pour mes ennemis. Si tu apprends autre chose, mandes-le-moy sur-le-champ. Sois toujours aux aguets, soit par toy, soit par ceux qui peuvent encore prendre quelque intérêt à moy. Par exemple, tu pourras envoyer au tribunal sur les dix heures, sçavoir si j'y suis arrivé ou si l'on se dispose à m'y traduire. Bien des choses au C. Devitry et à tous les autres. Bonjour à tout le monde.

Je t'ay plaint, ma bonne amie, des fatigues que tu as dû éprouver pendant toute la journée que tu es restée à la Convention sans y avoir rien pris; tu as dû bien souffrir de toutes les manières. Avec raison tu considères que les affaires vont bien mal; ce qui se passe doit te rappeler que j'ay prévu les évènemens en te marquant, à l'époque de l'affaire du comité révolutionnaire, qu'on chercheroit à soulever les esprits contre Carrier et ensuite contre moy : tu vois que telle est la marche que l'on tient; l'on peut dire que jamais position ne fut plus affligeante que celle où je me trouve. L'espoir de faire triompher mon innocence me soutient, et mon unique chagrin se porte sur toy et ma malheureuse famille; encore un coup, je suis sûr de mon innocence, mais dans cet état de choses, le moyen de faire entendre ma défense ! voilà mon inquiétude, c'est d'être sacrifié et non d'être jugé.

Aussi je t'envoye, dans mon portefeuille, une lettre renfermant mes sentimens pour toy, et deux autres que tu feras passer, s'il y a lieu, dans son temps. Ne t'en affliges pas, ce sont les sentimens gravés dans mon cœur que je te transmets, ce que je n'aurois peut-être pas occasion de te faire parvenir, peut-être serai-je plus heureux ! et les manifesterai-je en personne! Je le désire; mais, en pareille occurence, il faut s'attendre à tout; c'est pourquoi j'ay pris ce parti ; ne t'affectes pas encore un coup.

Il faudra que tu prennes les plus grands soins pour que mes créanciers ne te fassent pas saisir jusqu'à ta dernière chemise, plus le Domaine; ainsi la première chose sera de renoncer à la communauté et d'emporter les objets transportables le plus possible. Le poulet me servira aujourd'huy et demain. Je t'embrasse de tout mon cœur, portes-toy bien ; j'embrasse tante et enfants.

De la maison d'arrêt du Plessis, dite l'Égalité,
ce 22 brumaire de l'an III de la République
une et indivisible.

Quoi que non interrogé, je dois m'attendre, ma bonne amie, à être bientôt mis en jugement. Dans un temps différent, fort de mon innocence, je n'aurois nullement à redouter l'approche de ce jugement. Mais dans les circonstances fâcheuses où nous nous trouvons, et après les horribles diatribes, les calomnies et les vociférations de tout genre qui sont accumulées sur ma tête, depuis ma détention, par Fréron et ses lieutenants, intimes amis de Danton et de Camille Desmoulins, et ceux de Dumouriez et d'Arthur Dillon, dois-je me flatter de faire entendre une défense, quelque juste et quelque légitime et quelque fondée qu'elle soit ? Non !

Il est inutile de se livrer à l'illusion : toutes ces effroyables vociférations et odieuses qualifications d'exécrable, de conspirateur et de tigre altéré de sang, sans être étayées d'aucun fait, sont le prélude de mon jugement. C'est une tactique de la part de cette faction liberticide pour me perdre avec plus de certitude.

Aussi, ma bonne amie, je ne peux te dissimuler que, dans cet état de choses, je m'attends à une fin prochaine. Ma conscience me dit que je ne l'ai pas méritée. Je sais que si les jurés, que je ne connais pas, sont des hommes probes, mon innocence doit triompher. Mais cette foule d'aristocrates, mis en liberté depuis le 9 thermidor, les parents et amis de ceux qui ont été frappés du glaive de la loi sont répandus dans Paris; ils ne manquent pas d'émettre sur mon compte une opinion semblable à celle des vils journalistes, opinion qui produit d'autant plus d'effet sur la partie du peuple crédule que la qualité et les intérêts de ces émetteurs d'opinion ne leur sont pas connus. Ainsi, je m'attends à être sacrifié à l'opinion publique, soulevée et excitée contre moi par toutes sortes de moyens, et non à être jugé. C'est un parti pris que je calcule depuis longtemps et que je t'ay toujours voulu taire pour t'épargner, le plus tard possible, le coup que cet évènement peut te porter. Je mourrai donc pour avoir servi mon pays avec trop de zèle et d'activité, et m'être conformé au vœu du gouvernement, les mains et le cœur nets.

Mais, ma bonne amie, que vas-tu devenir, toy et mes pauvres enfants? Vous allez être livrés aux horreurs de la plus affreuse misère, ce sera au moins la preuve parlante que j'ay servi mon pays avec le désintéressement d'un vray républicain. Enfin, que deviendrez-vous les uns et les autres? Voilà les sinistres idées qui m'accablent et me tourmentent le jour et la nuit.

J'étais donc né pour le malheur. Quelle affreuse idée! Mourir comme un conspirateur, moi qui n'ai cessé de leur faire la guerre. Voilà donc la récompense de mon zèle patriotique. Si, à travers tous ces évènemens funestes, il me reste encore un rayon de satisfaction ou plustot de consolation, c'est de savoir que tu as la conviction de mon innocence; du moins, cette conviction me donne l'espoir que tu ne manqueras pas de répéter à nos enfants que leur père est mort malheureux mais innocent, et qu'il a toujours eu ta confiance et ton estime.

Je te recommande bien de ne pas t'abandonner au chagrin et de ménager ta santé pour toi et nos pauvres enfants. Oublies les petits différends que nous pouvons avoir eus : ils ont été l'effet de ma vivacité, mon cœur n'y est pour rien, et il n'a jamais cessé de t'être attaché, sois en bien persuadée, comme je sais que le tien n'a jamais cessé de m'être attaché. Hélas! ma bonne amie, qui aurait jamais dit que j'aurai une pareille fin? moi qui n'ai jamais connu l'intrigue et n'ai jamais été tourmenté de la soif des richesses!

Il est dur, ma bonne amie, de t'entretenir d'idées aussi sinistres; j'ai beaucoup balancé; mais considérant qu'une fois en jugement il ne me seroit pas possible de te faire passer aucune lettre, je me suis déterminé à te transmettre mes derniers sentimens pour toi, et mes remercimens de toutes les peines que tu t'es données depuis ma détention. Je te réitère à ne te point laisser gagner par le chagrin, et je t'engage à ne point rejeter les occasions qui pourroient te procurer un sort plus heureux. Les larmes aux yeux et le cœur serré, je te dis adieu pour la dernière fois, à ta tante et à nos pauvres enfants. Je vous embrasse tous, je t'embrasse mille fois. Hélas! quelle douce satisfaction n'éprouverois-je pas de pouvoir te revoir et te presser dans mes bras! Mais, ma bonne amie, c'en est fait, il n'y faut plus penser! Adieu, mille fois adieu et au peu d'amis qui nous sont restés, et surtout à la bonne par excellence. Embrasses bien nos enfants et ta tante pour moi; sers de mère à mes enfants que j'exhorte à la sagesse et à t'écouter. Adieu, adieu, ton fidèle mari jusqu'au dernier soupir,

A. Q. Fouquier.

Le seul gage de mon amitié qui soit en mon pouvoir, c'est un peu de cheveux que je te prie de conserver.

Tu savois, ma bonne amie, l'arrestation qui s'étoit faite [1] et qui se faisoit des juges nommés par la loi du 22 prairial, et

---

1. La lettre précédente, beaucoup plus belle que celle-ci, a été classée par M. Walferdin comme la dernière de Fouquier, et M. Dide, acceptant cette manière de voir, l'a publiée dans le *Journal Officiel*. C'est évidemment celle où il fait ses adieux à sa femme pensant ne plus pouvoir lui écrire. Il s'attend à être interrogé; dès lors, toute communication lui sera défendue, et il profite du dernier moment qui lui reste avant l'interrogatoire pour faire ses adieux à sa femme. Voilà évidemment dans quelles dispositions d'esprit cette lettre fut écrite.

Mais, après l'interrogatoire, le procès dura relativement longtemps, les débats prirent plusieurs jours, et Fouquier, grâce à la complaisance d'un tiers, parvint à faire parvenir à sa femme de nouvelles recommandations. Il lui écrivit alors cette lettre que nous donnons comme la dernière.

Nous trompons-nous? Nous ne le croyons pas, et voici pour quelle raison.

1° On sait que pendant les débats des membres du Tribunal furent arrêtés et Judicis, très embarrassé de savoir s'il devait laisser terminer le procès sans les y faire figurer, ou demander la remise de l'affaire pour juger tous les accusés ensemble, s'adressa au Comité des législateurs. Nous avons publié plus haut cette demande et la réponse qui y fut faite.

Or, dans le début de sa lettre et dès le premier mot, Fouquier se plaint à sa femme de n'avoir pas été prévenu de ces arrestations.

2° Dans la lettre précédente Fouquier, faisant part de ses pressentiments à sa femme, dit qu'il les lui a « toujours voulu taire » pour lui épargner des tourments. Dans la lettre que nous donnons comme dernière, il reparle de cette idée de « séparation éternelle » pour la seconde fois, donc cette lettre est postérieure à l'autre.

3° La lettre précédente commence par ces mots : *quoique non interrogé ;* dans celle-ci on lit : *Granger, lors de mon interrogatoire...* Voilà qui est décisif.

Cette dernière lettre est moins belle que l'autre, mais comme elle est humaine! Fouquier, se sentant perdu, demande qu'on recherche des pièces qui peuvent le sauver, puis il pense à sa femme, à ses enfants, et leur indique le moyen de garder un peu de ce qui leur reste de fortune ; il veut qu'à la douleur de sa mort ne s'ajoutent pas les tracas de la vie quotidienne et la misère. Cela s'explique de reste.

tu ne m'en as rien dit; pourquoi me taire les mauvaises nouvelles; comment veux-tu qu'en me les cachant je puisse me préparer à répondre à l'attaque? Tu crains sans doute de m'affecter, tu te trompes, car je m'attends à tout et j'y suis décidé. Je présume que tu as été très surprise en apprenant cette arrestation, et moi je suis surpris qu'elle n'ait pas eu lieu plus tost, parce que Granger m'ayant dit, lors de mon interrogatoire, que, s'il avait voulu déférer à différens désirs, j'aurais vu bien autre chose, alors, en lui répondant que je m'attendais à tout, il me répliqua que cela ne me concernait pas personnellement, réplique qui m'a fait soupçonner que le plan dès lors étoit d'aller beaucoup plus loing; ensuite, me rappelant que Clauzel avoit demandé le changement de tous les juges, il ne m'est plus resté de doute que ce soit le plan qui s'exécute en ce moment, lequel a été conçu d'après la dénonciation mensongère du monstre de Pâris, que les juges et les jurés se rendoient dans mon cabinet et que là on y marquoit ceux des individus que l'on jugeoit coupables et encore d'après le jugement du 8 thermidor, qui ordonne l'exécution du jugement de mort de la femme Monaco et autres. Au fond, ces arrestations ne nuiraient nullement à mon affaire si d'un côté elles ne me privoient pas de témoins nécessaires, et, de l'autre, si dans ce nombre il ne s'y trouve pas quelque peureux. Dans tous les cas, si justice étoit rendüe, il n'y auroit rien à craindre pour les uns ny pour les autres.

Mais aussi je t'affectes, ne pouvant te transmettre mes pensées que de mon vivant, je te déclare qu'au point où en sont les choses, il est évident que ce procès se fait et se fera à tous les patriotes énergiques qui ont occupé des places dans la Révolution et que par là on fera le procès à tous les actes de la Révolution, et ce qui était vertu il y a six mois et un an est aujourd'hui un crime irrémissible; ainsi, je n'ai aucun espoir que mon innocence triomphe. Je regarderai comme un miracle cet évènement, s'il arrive : il faut donc se résoudre à une séparation éternelle, elle me coûtera autant qu'il m'en coûte de te le dire. J'aurois encore gardé le silence si je ne savois qu'il est nécessaire que tu prennes des précautions avant l'évènement, pour qu'au moins pendant un temps tu ne meures pas de faim et que tu aies le temps de te retourner. As-tu vendu le Moniteur? Si cela n'est pas, transfères-le dans un autre endroit, le tout de côté; car les scellés seront mis. Il est vrai qu'aux termes d'un dernier décret, les meubles et effets seront rendus à toi et aux enfants; mais ......[1] est créancier, c'est le seul; il peut t'inquiéter. Garantis ton linge surtout et quelques hardes; fais pour le mieux et tâches de ne point rester au dépourvu, toi et la petite. Quant à Sophie et Émilie, et Tinville[2], ils ont des droits à exercer sur la succession de Mme Saugnier. Les papiers sont chez Hacquart, et leurs oncles, sans doute, ne les délaisseront pas. Suis mes conseils, et dis à mes enfans de ma part qu'à moins qu'ils n'aient ny cœur ni âme, ils ne peuvent jamais voir Depille et sa femme, qui ont déjà fait mourir leur mère de chagrin et qui, par leurs propos malins et méchans auprès de Pâris, ont contribué à m'assassiner. Je désire bien sincèrement me tromper dans mes sinistres conjectures; j'en aurois plus de plaisir à te revoir et à t'embrasser mille fois; mais, hélas! dans un moment où la Convention vient de décréter que la statue de la Liberté, tenant une massue pour assommer le fédéraliste, sera abatue, est-il permis à un véritable républicain d'avoir un rayon d'espoir? Dis bien des choses pour moi à ta tante et aux enfants, embrasses-les et ta petite que je regrette bien ne pouvoir voir; mais le temps et les circonstances s'y opposent.

Je suis à concevoir pourquoi, d'une part, tu as été si longtemps à aller chez M. et pourquoi, en y allant, tu t'es arrêtée chez la Foucaut et tu n'as pas continué ta route. Est-ce qu'il t'auroit mal reçue? Quel est cet ouvrage qui parle de lui, de Foucaut et de moi? Il en est paru un hier de Barrère; mais

1. Nom illisible.
2. Enfants du premier lit.

on m'a assuré qu'il n'y étoit pas question de moi, tu n'auras pas trouvé Pâris au Châtelet, parce que les juges changent tous les mois. François, Simon Leclerc sont-ils conservés? On dit que je dois paraître le 9. Je n'ai encore vu personne; si ce mauvais temps te permet de t'en informer, tâches de le savoir. *L'Ami du Peuple* n'a pas paru hier, tu ne me l'as pas envoyé. Serait-il arrêté aussi? Je te donne bien de la besogne, ma bonne amie. Salut, bonne santé, mille baisers.

CHAPITRE IV

LA VEUVE ET LA FAMILLE DE FOUQUIER-TINVILLE

Dans le chapitre Ier, j'ai déjà donné quelques renseignements sur la seconde femme de Fouquier-Tinville, Mlle Gérard d'Aucourt. Elle appartenait à une honorable famille de Saint-Domingue, et son frère habitait les colonies.

Voici deux lettres de lui adressées à « Mme Tinville », à Paris, la première est ainsi conçue :

Léogane, le 19 Septembre 1791.

Ma chère sœur,

Votre lettre du 26 mars dernier m'a fait le plus grand plaisir, elle m'a donné des nouvelles de votre santé, et vous ne doutez pas de l'intérêt que j'y prends. J'ai été bien surpris de n'avoir pas reçu vos précédentes, que je regrette infiniment, puisqu'elles m'auraient mis à portée de communiquer plus souvent avec vous. Réparez ce vide dans notre correspondance en m'écrivant plus souvent, et vous éprouverez la plus grande exactitude dans mes réponses.

Je crois bien que Mme la comtesse de Chailloux vous aura souvent donné de mes nouvelles. J'ai eu bien de l'inquiétude depuis un an que nous existons ici dans la plus cruelle agitation, entourés de près de cent mille esclaves qui se sont révoltés et qui se sont portés à tous les excès de la rage la plus barbare. Ils ont tué, brûlé, violé les blancs, leurs épouses et leurs demoiselles, incendié les habitations, égorgé les propriétaires ou leurs représentants. Le détail de tous ces malheurs serait trop long s'il fallait vous le faire. Tout ce que je puis vous dire, c'est que ce mal n'est pas encore fini. Gardez-vous bien, ma chère sœur, de m'envoyer dans ce moment votre beau-fils; la crise est encore trop violente. Sitôt que nous serons en paix, je vous le marqueray; pour lors, vous pourrez me l'expédier, et j'aurai soin de le placer convenablement et sous mes yeux pour qu'il puisse apprendre la culture de ce pays et par la suite s'en faire un état. Pour peu qu'il veuille, comme je le présume, s'y attacher, vous pouvez être assurée de son avancement. Reposez-vous sur mon zèle et l'envie que j'ai d'être utile à ma famille. Mille choses à votre mari; embrassez-le pour moi; rappelez moi au souvenir de ma mère que j'assure de mon respect; ne m'oubliez pas auprès de Mme de Chailloux et de ma tante lorsque vous les verrez; embrassez pour moi Mlle Le Blans et donnez-moi de ses nouvelles ainsi que des vrais amis. J'embrasse vos enfants, et croyez-moi, avec les sentiments naturels d'un bon frère, ma chère sœur, votre très humble et obéissant serviteur et frère.

GÉRARD D'AUCOURT.

La seconde lettre est du 9 juillet 1792, nous la reproduisons sans autre modification que celle que nous apportons à des fantaisies d'orthographe sans importance.

Ma chère sœur,

Je reçois tout récemment votre lettre du 25 novembre. Jugez du temps qu'elle a été en chemin! Je ne sais par quelle fatalité vos autres lettres ne me sont pas parvenues, à l'exception cependant de celle où vous m'annoncez devoir m'envoyer le fils de M. Tinville, et à laquelle je vous fis réponse de suite pour retarder son départ, prévoyant bien tous les malheurs où une quantité prodigieuse d'Européens ont succombé, et ce n'étoit pas sans raison que je les appréhendois. Nous avons vu ici les rues jonchées de cadavres; moi-même, je ne me suis sauvé qu'en escaladant des murs; aussi ai-je été plus de six semaines sans pouvoir écrire. J'avois les mains toutes martyrisées des coupures de bouteilles sur lesquelles il m'avoit fallu grimper. J'ai donné les détails à Mme de Chailloux de toutes ces malheureuses circonstances, et je présume qu'elle vous les aura communiquées.

Nous ne sommes pas encore bien tranquilles. Malgré qu'il y ait un grand changement depuis huit jours dans notre position, nous craignons qu'il ne survienne encore quelques scènes tragiques. Les esclaves qui avoient été armés ne sont pas encore parfaitement rentrés dans leur devoir, et malgré qu'ils ne sont pas en grand nombre, ils peuvent faire beaucoup de mal. D'ailleurs, sans justice, sans lois, nous sommes dans la plus complète anarchie, et, si j'ai un conseil à vous donner, c'est de différer de m'envoyer M. Tinville, jusqu'à ce que nous ayons ici des forces, ce qui fera respecter la loi et assurera notre existence que je regarde très précaire. C'est par l'intérêt que je porte à tout ce qui appartient à M. Tinville que je ne voudrois pas l'exposer à des regrets. Ne doutez pas un instant, ma chère sœur, du plaisir que j'auroi de voir auprès de moi un enfant de votre cher époux, dont je prendroi le plus grand soin et feroi ce qui dépendra de moi pour son avancement. Assurez-en bien M. de Tinville, à qui je suis bien sincèrement attaché. Votre sort me fait peine, ma chère sœur; il faut espérer que les choses changeront de face et que le règne des honnêtes gens n'est pas éloigné. Je suis bien fâché dans ce moment de ne pouvoir adoucir vos peines, au moins de ne pouvoir être auprès de vous pour vous consoler de votre triste position; mais moi-même je perds gros cette année : toute la plaine de Léogane a été incendiée, et je ne fais pas le quart du revenu, les cannes ayant été brûlées, mes effets pillés, chevaux, moutons, etc. Cette guerre me fait un tort de près de trente mille livres; jugez de la perte pour moi, qui ne fais que de commencer.

Je suis bien aise que vous ayez reçu les cinquante livres de café; j'aurai soin de votre position cette année.

Ne perdez pas courage, ma chère sœur; un jour viendra où on rendra justice au mérite de M. de Tinville, et votre position changera, et ce moment est plus prochain peut-être que vous ne le croyez.

Mlle Le Blans est donc toujours constante? Je rends justice à votre sexe et le reconnois bien à cette vertu, malgré que nous nous efforçons de prêcher le contraire. Si vous avez occasion de la voir ou de lui écrire, présentez-lui, je vous prie, mon hommage.

Écrivez-moi souvent, j'en ferai de même et croyez que je n'aurai de plus grand plaisir qu'à correspondre avec vous; mille amitiés à M. Tinville. J'embrasse mon neveu ou nièce. Mes respects à la maman.

Croyez-moi, pour la vie, votre frère.

GÉRARD D'AUCOURT.

Ces deux lettres sont intéressantes à plus d'un titre. Outre les renseignements qu'elles contiennent sur l'état des colonies, nous y trouvons une preuve de plus de l'estime de la famille d'Aucourt pour Fouquier, de l'amour que sa femme avait pour lui, et un passage (j'embrasse mon neveu ou nièce), qui nous permet de placer à l'année 1792, la naissance d'Henriette Fouquier.

Le ménage était pauvre, la sanglante journée du

17 floréal an III acheva sa ruine. Aussi, lorsque les agents du fisc se présentèrent chez elle, Mme Fouquier s'empressa-t-elle de rédiger la note suivante :

La citoyenne veuve Fouquier n'empêche pas l'apposition des scellés pour le bien de la République; mais comme il est à sa connoissance que son mary est décédé sans laisser de biens qu'un petit mobilier de peu de valeur qui n'est pas capable de pouvoir la remplir du montant de son contrat de mariage, elle requiert que tous les linges, hardes et ustensiles à son usage luy soient laissés en sa possession, et que la garde du scellé luy soit confiée, n'ayant pas moyen de payer un gardien.

Elle fit alors lever une expédition de son contrat de mariage, place de la Victoire, chez le notaire Rameau qui lui demanda 120 livres, somme qu'elle paya le 13 prairial an III. La veille elle avait renoncé à la succession d'entre elle et son mari [1], par-devant le notaire « de Saint-Gille, rue cy-devant Condé ». Depuis lors, et pour plusieurs années, nous la perdons de vue. La fin de la République, le Consulat et l'Empire durent être pour elle bien durs à traverser.

Enfin, en 1812, nous retrouvons sa trace. Elle habitait à Paris, au n° 9 de la rue Chabanais ; sa fille

1. Mme Fouquier est bien excusable d'avoir agi ainsi, elle avait une fille à élever. Elle conserva pieusement le nom de son mari et les quelques rares souvenirs qui lui venaient de lui ; elle porta avec dignité un nom généralement maudit, et par son attitude, sut imposer le respect autour d'elle.

Henriette devait avoir une vingtaine d'années : elle était employée à Bourges, dans les magasins d'une dame Domont-Duponchel, qui en parle dans les termes les plus flatteurs.

« Je vous félicite, écrit-elle à la mère, d'avoir une demoiselle d'un bon caractère, fort aimable, et bien enjouée ; nous sommes très satisfaits que le hasard nous l'ait fait rencontrer..... Elle est bonne fille, très sage et très caressante. Je puis dire que nous lui sommes très attachés. Je ne suis pas étonnée qu'elle ait de l'ennui ; elle dit avoir quitté une aussi bonne mère, qu'il faut beaucoup de raison pour s'habituer à en vivre aussi éloignée, et il est sûr que c'est un grand sacrifice, et dont on doit lui savoir gré. » De cette aimable personne, qui vivait à Bourges, sous le nom d'Henriette Fouquier-d'Aucourt, nous possédons dix lettres.

L'une de ces épîtres, datée d'octobre 1812, est adressée à son amie Palmire, qui vient d'épouser son frère Fouquier [1] ; elle lui reproche, au nom de la plus tendre amitié, de ne l'avoir pas avertie de cette union, d'autant plus que le jeune ménage a le projet de partir prochainement pour aller se fixer à l'étranger.

Quatre autres lettres sont adressées à sa mère ; elle y raconte sa vie à Bourges, donne des détails

1. Celui-ci ne vécut pas longtemps ; en décembre 1826, il était mort depuis quelque temps.

sur un « Banquet », qui est tout simplement un modeste déjeuner qu'elle a offert à deux amies, puis (1813), c'est le projet d'aller à Saint-Quentin, encore bien qu'il lui soit peu facile de quitter Bourges où elle vient d'acheter un fonds de commerce ; enfin (1814), ce sont les craintes qu'elle éprouve pour sa mère, à la nouvelle de la marche des ennemis sur Paris et la joie que l'attitude des alliés qui ménagent la capitale lui fait ressentir.

Une dernière lettre, celle-là sans date, sans adresse, fort longue, douloureuse et navrante. Elle s'est mariée, elle est malheureuse, son mari la rudoie, l'injurie grossièrement devant ses employés, devant les clients ; elle en rougit. Les détails qu'elle donne sont des plus tristes. Mais la lettre n'est pas arrivée à destination, et Mme Fouquier nous apprend pourquoi en ces quelques mots : « Lettre de ma pauvre fille à sa belle-sœur Julie Pinel, écrite deux jours avant sa mort et qu'elle m'a fait prendre sous son matelas le jour même qu'elle est morte. » En lisant cette lettre signée des initiales F. P. (Fouquier Pinel), une chose me frappe. Dans ces trois grandes pages in-4°, pleines d'affection pour sa « chère Julie », de tristesse sur ses rêves envolés, sa pudeur d'honnête femme froissée et offensée par le mari, sa dignité compromise dans des scènes inqualifiables, pas un mot relatif à une maladie, à un malaise quelconque, pas une allusion à la mort qui l'attend et va la saisir. Et pourtant la note de Mme Fouquier est nette et précise. Quel drame cache ce mystère, après tant d'autres drames ?

Quelques années s'écoulent; comme terme à de si grands malheurs, à une vie si cruellement mouvementée, l'heure du repos suprême va enfin sonner pour Mme Fouquier; mais avant, elle aura encore à subir de tristes épreuves : l'abandon, la misère, la faim. C'est à la fin de 1826 ! Elle jette un cri de détresse vers la famille de son mari. Ils sont plusieurs qui pourraient l'aider.

Un frère de son mari, Quentin Fouquier, qui a abandonné le titre de « Foreste, qualification oubliée », ne peut que peu de chose pour elle; il est vieux, âgé de soixante-douze ans, infirme depuis un accident au genou, et obligé pour vivre d'occuper les modestes fonctions de secrétaire de la mairie de Saint-Quentin. Mais il a bon cœur, et c'est lui qui servira d'intermédiaire entre Mme Fouquier[1] et ses parents, qui étaient :

1° Mme veuve Fouquier-Vauvillée, son fils, fabricant de sucre à Dury; son gendre, Mauduit, juge de paix ;

2° M. Fouquier d'Hérouel.

Ils envoyèrent en tout 200 francs; mais ces

1. Il restait à cette pauvre femme 200 francs de rente provenant de sa fille Henriette, 200 francs que lui accordait la Chambre des avoués de Paris, et son travail quand sa santé lui permettait de travailler.

faibles ressources s'épuisèrent vite. Aussi, en juin et juillet 1827, Mme de Fouquier écrit-elle lettres sur lettres à MM. Fouquier d'Hérouel et de Foreste.

Elle rappelle que son mari ne lui a pas laissé de quoi acheter une livre de pain. « J'ai, dit-elle, pour tout bien 400 francs de rente, qui ne me viennent pas de lui; je ne me suis soutenue qu'en travaillant. Ma santé ne me permet plus de travailler; je suis toujours malade, et je manque du nécessaire. Voilà au juste ma position. » La famille dit qu'elle en délibérerait, et n'envoya plus rien.

Rien ne vint que la mort.

Le 27 novembre 1827, Mme Henriettte-Jeanne Gérard d'Aucourt, veuve d'Antoine Quentin-Fouquier de Tinville, mourait dans son modeste appartement de la rue Chabanais.

Aucun parent ne se présenta pour accepter la succession ou racheter quelque souvenir à la vente qui fut faite au profit du Trésor, si bien que le 28 mars 1828, au dépôt des Domaines, rue Saint-Germain-l'Auxerrois, 21, le commissaire-priseur adjugeait, au plus offrant et dernier enchérisseur, non seulement les quelques meubles qu'avait possédés Mme Fouquier-Tinville, mais son portrait, un reliquaire et une charmante image religieuse du XVIIe siècle, qui, — chose curieuse, — étaient restés, pendant la Terreur, accrochés au mur de la chambre de l'accusateur public, et enfin les Mémoires écrits pour sa défense, les lettres, souvenirs intimes de tous les parents, et jusqu'aux mèches de cheveux que Fouquier, avant de monter à l'échafaud, adressait à sa femme!

La vente produisit 332 francs 20 centimes.

TRIBUNAL

CRIMINEL EXTRAORDINAIRE ET RÉVOLUTIONNAIRE,

Établi à Paris, au Palais, par la Loi du 10 Mars 1793,

L'AN IIe. DE LA RÉPUBLIQUE.

ACCUSATEUR PUBLIC.

LE Citoyen Gardien de la maison de justice de la Conciergerie laissera

[illegible]

avec Melange

détenu en ladite maison de la Conciergerie

Fait à Paris, le dix octobre mil sept cent quatre-vingt treize l'an deuxième de la République. une et indivisible.

Q. J. Fouquier

N°. 58.

paris ce 23 juillet 1793 l'an 2ème de
La republique une et indivisible

N° 11

je profite de l'offre obligeante que vous m'avez faite, citoyen, pour vous adresser
une mère de famille intéressante et qui a besoin pour fournir à la subsistance de ses
enfans que son mary soit placé : il l'est passablement ainsi que vous êtes à même
de vous le convaincre par l'inspection du mémoire cy joint leur de Samaug : je
désirerois pouvoir [illegible]

y m'a que vous pouvez faire quelque chose pour lui ; vous vous empresserez de le faire ; je vous en aurai à moy particulier une sincère obligation :

Salut et fraternité

Fouquier Tinville

Au Citoyen Coulombeau secrétaire de la municipalité

CHARPENTIER.

TRIBUNAL
RÉVOLUTIONNAIRE.

Le Charpentier du Domaine fera les préparatifs nécessaires pour l'exécution du Jugement rendu par le Tribunal, contre *Fouquier, Foucault, Sellier, Garnier Launay, Leroy dit dix aout, Renaudin, Vilate, Prieur, Chatelet, Girard, Boyenval, Benoist, Lanne, Verney, Dupaumier, et Herman* condamné*s* à la peine de mort. Cette exécution

neuf heures du matin

sur la place de Grève

de cette ville.

L'ACCUSATEUR PUBLIC.

Fait au Tribunal, le Dix Sept floréal l'an ~~second~~ troisième de la République Française.